国家出版基金项目
NATIONAL PUBLICATION FOUNDATION

U0625010

记住乡愁

——留给孩子们的中国民俗文化

刘魁立◎主编

第十一辑 生肖祥瑞辑

生肖鸡

侯仰军◎编著

本辑主编 张 勃

黑龙江少年儿童出版社

编委会

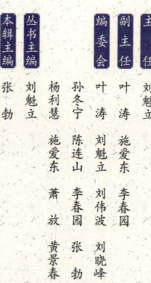

主　任　刘魁立

副主任　叶　涛　施爱东　李春园

编委会　叶　涛　刘魁立　刘伟波　刘晓峰　刘　托
孙冬宁　陈连山　李春园　张　勃　林继富
杨利慧　施爱东　萧　放　黄景春

丛书主编　刘魁立

本辑主编　张　勃

序

亲爱的小读者，身为中国人，你们了解中华民族的民俗文化吗？如果有所了解的话，你们又了解多少呢？

或许，你们认为熟知那些过去的事情是大人们的事，我们小孩儿不容易弄懂，也没必要弄懂那些事情。

其实，传统民俗文化的内涵极为丰富，它既不神秘也不深奥，与每个人的关系十分密切，它随时随地围绕在我们身边，贯穿于整个人生。

中华民族有很多传统节日，每逢节日都有一些传统民俗文化活动，比如端午节吃粽子，听大人们讲屈原为国为民愤投汨罗江的故事；八月中秋望着圆圆的明月，遐想嫦娥奔月、吴刚伐桂的传说，等等。

我国是一个统一的多民族国家，有 56 个民族，每个民族都有丰富多彩的文化和风俗习惯，这些不同民族的民俗文化共同构筑了中国民俗文化。或许你们听说过藏族长篇史诗《格萨尔王传》

中格萨尔王的英雄气概、蒙古族智慧的化身——巴拉根仓的机智与诙谐、维吾尔族世界闻名的智者——阿凡提的睿智与幽默、壮族歌仙刘三姐的聪慧机敏与歌如泉涌……如果这些你们都有所了解，那就说明你们已经走进了中华民族传统民俗文化的王国。

你们也许看过京剧、木偶戏、皮影戏，看过踩高跷、耍龙灯，欣赏过威风锣鼓，这些都是我们中华民族为世界贡献的艺术珍品。你们或许也欣赏过中国古琴演奏，那是中华文化中的瑰宝。1977年9月5日美国发射的"旅行者1号"探测器上所载的向外太空传达人类声音的金光盘上面，就录制了我国古琴大师管平湖演奏的中国古琴名曲——《流水》。

北京天安门东西两侧设有太庙和社稷坛，那是旧时皇帝举行仪式祭祀祖先和祭祀谷神及土地的地方。另外，在北京城的南北东西四个方位建有天坛、地坛、日坛和月坛，这些地方曾经是皇帝率领百官祭拜天、地、日、月的神圣场所。这些仪式活动说明，我们中国人自古就认为自己是自然的组成部分，因而崇信自然、融入自然，与自然和谐相处。

如今民间仍保存的奉祀关公和妈祖的习俗，则体现了中国人崇尚仁义礼智信、进行自我道德教育的意愿，表达了祈望平安顺达和扶危救困的诉求。

小读者们，你们养过蚕宝宝吗？原产于中国的蚕，真称得上伟大的小生物。蚕宝宝的一生从芝麻粒儿大小的蚕卵算起，中间经历蚁蚕、蚕宝宝、结茧吐丝等过程，到破茧成蛾结束，总共四十余天，却能为我们贡献约一千米长的蚕丝。我国历史悠久的养蚕、丝绸织绣技术自西汉"丝绸之路"诞生那天起就成为东方文明的传播者和象征，为促进人类文明的发展做出了不可磨灭的贡献！

小读者们，你们到过烧造瓷器的窑口，见过工匠师傅们拉坯、上釉、烧窑吗？中国是瓷器的故乡，我们的陶瓷技艺同样为人类文明的发展做出了巨大贡献！中国的英文国名"China"，就是由英文"china"（瓷器）一词转义而来的。

中国的历法、二十四节气、珠算、中医知识体系，都是中华民族传统文化宝库中的珍品。

让我们深感骄傲的中国传统民俗文化博大精深、丰富多彩，课本中的内容是难以囊括的。每向这个领域多迈进一步，你们对历史的认知、对人生的感悟、对生活的热爱与奋斗就会更进一分。

作为中国人，无论你身在何处，那与生俱来的充满民族文化DNA 的血液将伴随你的一生，乡音难改，乡情难忘，乡愁恒久。这是你的根，这是你的魂，这种民族文化的传统体现在你身上，是你身份的标识，也是我们作为中国人彼此认同的依据，它作为一种凝聚的力量，把我们整个中华民族大家庭紧紧地联系在一起。

《记住乡愁——留给孩子们的中国民俗文化》丛书，为小读者们全面介绍了传统民俗文化的丰富内容：包括民间史诗传说故事、传统民间节日、民间信仰、礼仪习俗、民间游戏、中国古代建筑技艺、民间手工艺……

各辑的主编、各册的作者，都是相关领域的专家。他们以适合儿童的文笔，选配大量图片，简约精当地介绍每一个专题，希望小读者们读来兴趣盎然、收获颇丰。

在你们阅读的过程中，也许你们的长辈会向你们说起他们曾经的往事，讲讲他们的"乡愁"。那时，你们也许会觉得生活充满了意趣。希望这套丛书能使你们更加珍爱中国的传统民俗文化，让你们为生为中国人而自豪，长大后为中华民族的伟大复兴做出自己的贡献！

亲爱的小读者们，祝你们健康快乐！

二〇一七年十二月

目　录

十二生肖中的鸡

┃十二生肖中的鸡┃

从出生开始，我们就与十二生肖中的某一个结下了不解之缘。对于属鸡的人来说，自然会对鸡有更多的关注。唐朝诗人徐夤的这首《鸡》，描述了鸡的形象、特点和价值，充分表达了诗人对鸡的喜爱：

名参十二属，
花入羽毛深。
守信催朝日，
能鸣送晓阴。
峨冠装瑞璧，
利爪削黄金。
徒有稻粱感，
何由报德音。

早在先秦时期，鸡就以其鲜明的形象和特点赢得了世人的尊重，成为"有德之禽"。《尔雅翼》《韩诗外传》中都赞美鸡有文、武、勇、仁、信五种美好的品德。雄鸡头戴高高的、火红的鸡冠，给人以文质彬彬的感觉，是为文德；雄鸡的双腿后面

有一个突出像脚趾的部分，叫作"距"，是天生的武器，是为武德；在强敌面前，鸡敢于与之搏斗，是为勇敢；鸡找到食物后不独自占有，会呼唤同伴一同啄食，母鸡对小鸡们更是关爱有加，是为仁爱；公鸡每天准时报晓，极大地方便了人们的生产生活，即使在风雨交加、天色昏暗的早晨，公鸡依然啼叫不止，所以《说文解字》说鸡是"知时畜也"，是为守信。

平凡而不懦弱，在强敌面前不屈不挠，这就是鸡的勇武之气。春秋时期人们已经发现了鸡勇武的特性，把鸡看成好斗的勇士。孔子的弟子子路就常常戴着一顶雄鸡冠式的帽子，以显示自己武力过人。人们还利用鸡的这一特性，形成了斗鸡的习俗。战国时期，斗鸡已进入平民百姓的日常生活中。据《战国策》记载，齐国的都城临淄非常富足，老百姓日常以吹竽、鼓瑟、击筑、弹琴、斗鸡为乐。因为斗鸡，春秋时期还发生了一起改变鲁国历史的重大事件。鲁昭公二十五年（公元前517年），鲁国卿大夫季平子与郈昭伯

斗鸡，季平子给鸡套上护甲，郈昭伯则给鸡套上金属爪子，两家因此发生争斗。后来，鲁昭公攻伐季氏，季氏和叔孙氏、孟氏三家共同攻打鲁昭公，鲁昭公出逃，最后死于外地。这就是历史上有名的"斗鸡之变"。从这个故事中可以看出，春秋时期的贵族把斗鸡看得很重要，甚至用了作弊的手段。

此后，斗鸡之风愈演愈烈。唐玄宗酷爱斗鸡，大诗人李白在《古风·大车扬飞尘》中写有"路逢斗鸡者，冠盖何辉赫"的诗句。陈鸿祖在其所著的《东城老父传》中记载：当时被称为"神鸡童"的贾昌，由于得到皇帝的宠爱，"金帛之赐，日至其家"。唐玄宗去泰山举行隆重的封禅大典，也不忘带

上斗鸡。史载:"开元十三年,笼鸡三百,从封东岳。"当时流传着一首民间童谣:"生儿不用识文字,斗鸡走马胜读书。贾家小儿年十三,富贵荣华代不如。"这首童谣反映了当时百姓们的心态。

鸡的勇德还常常表现在民间传说中。相传远古时期,天庭中有四只非常美丽的鸡,它们分别被四大天王看管着。每年的五月初五是四大天王带着鸡聚会的日子,这一天,它们可以尽情地玩耍、嬉戏。到了晚上,天王们酒足饭饱之后,便将它们的尾翎拔掉,互赠给对方。一年的五月初五,四大天王照例带着他们的鸡到东王府聚会。快到中午时分,其中一只鸡对另外三只鸡说:"听说凡间不仅风景优美,还没有天庭那么多的清规戒律,我们为何不去那里自由自在、快快乐乐地生活呢?"另外三只鸡十分赞同这个提议。于是四只鸡舒展了一下翅膀,飞下天界,来到了一片深山老林里。四大天王闻讯后感到十分恼怒，命令天兵天将下凡捉拿这四只鸡。四只鸡虽然使出浑身的力气进行反抗，但还是被天兵天将捉住了，看到它们誓死不屈的模样，众天将一怒之下燃起熊熊大火，将四只鸡扔进了烈火之中。正当四只鸡被烧得奄奄一息的时候，恰好一位仙医路过此地，救下了它们。在仙医的精心护理下，四只鸡逐渐恢复了健康，但是由于那场大火，它们身上华丽的羽毛变成了黑褐色，面颊、腿和爪子变成了深红色，耳后的两根钢针变成了两只美丽而奇特的白色耳羽，颈上的绳索变成了银色的项圈。这就是我们现在看到的褐马鸡的样子。仙医对这四只鸡说："你们只有去那广袤的五台山，才能长期生存下去。"四只鸡感激得痛哭流涕，眼睛都哭红了。仙医将四只鸡分成两对，一对放在了大五台山，另一对放在了小五台山。从此，褐马鸡就在这两个地区繁衍下来，成了中国的国宝。

在鸡的五种美德中，信德最为人们所推崇。在没有钟表的年代，鸡是天然的闹钟，对人们的生活起着十分重要的作用。守信、准时也暗合了人们的价值观念，与儒家提倡的诚实守信不谋而合。

有趣的是，科学家通过多年的研究发现，雄鸡报晓也是讲究"纪律"的，只有在鸡群中占据最高地位的雄鸡才有率先鸣叫的资格，其他鸡则会严格按照其在鸡群中的地位高低而依次鸣叫应和。尽管每天领头鸡的打鸣时间会有不同，但是其他鸡的打鸣时间都是跟随在地位更高的雄鸡之后。

这个发现也许可以从侧面为"鸡鸣狗盗""半夜鸡叫"两个故事提供佐证。

神话传说中的鸡

| 神话传说中的鸡 |

由于"鸡"与"吉"同音，有吉祥的寓意，所以鸡一直深受人们的喜爱。在我国的神话中，鸡是上天最先创造的动物。据《太平御览》记载："天地初开，以一日做鸡，七日做人。"为什么在神话中会把小小的家禽排在第一位呢？神话学家认为，神话所表达的实际上是从混沌到有序、从黑暗到光明的主题，是以初民日常生活经验中的日出、白昼取代黑夜的自然现象为蓝本的。正因为如此，古人从正月初一到初七都忌杀鸡、吃鸡。在民间传说中，公鸡和太阳有密切的关系。

传说很久以前，太阳、月亮和公鸡是三兄弟，太阳是老大，月亮是老二，公鸡是三弟。大哥太阳性格豁达、包容，对二弟、三弟都非常关爱。二哥月亮性格内向，不喜欢热闹，偏好独处。小弟公鸡活泼好动，终日没有

消停的时候。公鸡最喜欢大哥太阳，因为太阳总是带着他到处玩耍。兄弟三人个性不同，他们在天上自由自在地生活，非常愉快。后来，公鸡被月亮失手推到了人间，再也回不到天上去了，因为非常想念太阳哥哥，公鸡每天天不亮就大声呼唤："哥哥喽！哥哥喽！"太阳一听到公鸡的叫声，就赶快

出来了。对此，月亮感到十分内疚，羞于见到太阳和公鸡，从此以后只在公鸡和人们都睡觉的时候才偷偷出来，远远地注视着熟睡的公鸡弟弟。

在浙江定海地区流传着一则神话。传说很久以前，天上既没有太阳，也没有月亮。仙界有三姐妹，她们心地非常善良，很想为人类做点儿好事，玉皇大帝知道后，就将大姐封为太阳神，二姐封为月亮神，小妹因为实在太小，所以没有受封。受封后的两姐妹为了更好地帮助人类，整天在天上奔波忙碌，一刻也不停歇。这样一来，人们分不出白天和黑夜，生产和生活都陷入了一片混乱之中。小妹很同情人类，就

请求玉皇大帝封自己为鸡神，每到五更天时为两个姐姐报时，太阳神和月亮神就按照鸡神的提醒，有规律地东升西落。

在中原神话里，关于太阳，流传最广的还是后羿射日的故事。

传说古时候，在辽阔的东海边，矗立着一棵扶桑树，树枝上栖息着十只三足乌（三足乌放射的光芒就是人们看见的太阳，所以太阳也称"三足乌"）。这十只三足乌是东方天帝的儿子，跟着自己的母亲住在东海边上，他们经常在东海里洗澡，洗完澡后，便像小鸟一样栖息在扶桑树上。每到黎明时分，当人间需要阳光时，栖息在树梢上的一只三足乌便坐着车飞上天空，把光和热送到人间的每一个角落。十兄弟每天轮流值班，秩序井然，天地万物一片和谐。人们在大地上生活得非常舒适幸福。

这样的日子久了，十兄弟觉得很无聊。有一天，他们突发奇想，决定一起飞上天空。于是，当黎明来临时，

十兄弟真的一起坐上车，飞上了天空。这下可不得了，他们释放出了相当于平时十倍的能量，将大地烤焦了。

森林里燃起了熊熊大火，树木、庄稼和房子都被烧成了灰烬，许多人和动物都被烧死了……

有一个年轻英俊的后生，名叫后羿，他看到人们在火里苦苦地挣扎着，心中感到十分不忍，但是他能做什么呢？他最擅长的就是射箭，而且箭法超群，百发百中，被人们赞誉为"神箭手"。后羿下决心要射掉那多余的九个太阳，帮助人们脱离苦海。后羿打听到了太阳住在东海，于是就朝着东海的方向出发了。他爬过了九十九座高山，跨过了九十九条大河，穿过了九十九个峡谷，终于来到了东海边。后羿埋伏在东海附近的一座大山里。当十兄弟结束一日的人间巡游回到东海，洗过澡准备休息时，后羿瞄准矮树枝上的九个太阳，拉开弓弩，搭上利箭，"嗖"的一声将箭射了过去，一只三足乌被射了下来，跌落到东海里。后羿继续拉弓搭箭，这次同时射落了两只三足乌。随后，后羿又射出了第三支箭，这一箭射得更加有力，一箭射落了四只三足乌。剩下的三足乌吓得直发抖。因为心中惦念着被太阳炙烤着的生灵，后羿并没有心软，箭无虚发，一口气又射掉了两只三足乌。栖息在树梢上的那只最小的三足乌，吓得逃到海底躲起来，不敢露面了。中箭的九只三足乌一只接一只地死去了，剩下的唯一一只三足乌也躲起来了。没有了太阳，人间变得只有黑夜，没有白天；整个人间都被黑

暗和寒冷困住了，万物不再生长。

当时的皇帝下了一道圣旨："谁能把三足乌请出来，

15

朕便赐予他高官厚禄！"一只公鸡信心满满地领了旨——因为他和三足乌是好朋友。公鸡来到东海边，站在山上大声呼唤："哥哥！哥哥！你在哪里？快出来！"公鸡从半夜一直叫到早晨，躲在东海里的小三足乌听到了好朋友的呼唤，试探着慢慢地从海里伸出头来。因为害怕后羿再用箭射他，小三足乌试探着伸出头，然后又赶紧躲回海里，接着小心地试探着伸出头，再躲回海里……经过了三伸三躲，直到他终于确定后羿走了之后，才跃出海面。

公鸡看到小三足乌出来了，就走在前面为他们引路，公鸡带着小三足乌从东海走到西山，这时正好是一个白天。中午小三足乌走累了，

不想走了。公鸡就给小三足乌打气，大声地叫了起来："哥哥莫停！哥哥莫停！"公鸡响亮的声音果然奏效，小三足乌瞬间打起精神，跟着公鸡向西山走去——中午时太阳走得慢，公鸡叫得欢，就是这个原因。

后来，皇帝封公鸡为"吉昂官"，还赐给他一顶大红冠。从此以后，公鸡就每天头顶大红冠，兢兢业业地提醒太阳准时东升西落。

在贵州凯里一带的苗族聚居地，也流传着"公鸡请日月"的神话故事。传说很久以前，天上还没有太阳和月亮，大地上寸草不生，苗族的四位老祖先用金银铸造了十二对日月挂在天上。由于造好的日月不听从人们轮

流值班的安排，总是一起出来，这使得天下草木干枯，江河断流。四位老祖先就派了一个名叫桑扎的神箭手把多余的十一对日月射了下来，剩下的那对日月吓得再也不敢露面，天地间又变成了黑茫茫的一片。四位老祖把天下的生灵都请来，商量着派谁去把日月请回来。他们先后派了蜜蜂、黄牛、狗，都没有成功。大家又商量了三天三夜，最后一致认为让身着华丽羽毛、嗓子好、有礼貌的公鸡去请把握大一些。

公鸡来到日月家门前，见大门关得死死的，他没有硬来，而是用动人的嗓音歌唱起来，使日月逐渐消除了顾虑，将门打开了一条缝。公鸡见状，知道他们还有点儿怕，便笑眯眯地唱道："喔喔喔，不要怕，开开门，出来吧，箭不射，棒不打……"日月怕它说话不算数，公鸡说可以用自己的脑袋来担

保；日月还是不放心，公鸡就用爪子抓破了自己的冠子，向日月发誓，从而感动了他们，并与他们成了好朋友。七天七夜后，公鸡要走了，太阳和月亮送了一程又一程，直送到香炉山顶。临分别时，太阳羞答答地递给公鸡一条红色的绣花巾，约定每年大年三十那天他们在天上相聚。公鸡回到人间后，很想念太阳，每天晚上总是睡不好觉，才到三更天，公鸡就赶忙叫醒太阳。太阳一听到公鸡"喔喔喔"的叫声，就赶紧翻身下床出门。从此以后，人间才变得亮堂堂，

庄稼开始生长，人们也有了衣服穿……公鸡每年都按时上天同太阳欢聚。后来，由于天王的小女儿不小心蹬倒了六层岩，公鸡没法再去天上与太阳相会了，心想：若是自己死了，便可以变成神仙，去与太阳相会了！于是就在腊月三十这一天，公鸡拿起刀朝自己的脖子割去。死后，公鸡的灵魂乘着一阵大风上天去了。

在这则苗族神话故事里，公鸡能够请回日月是因为他有勇有谋、有情有义，最终赢得了日月的信任。

民间故事中的鸡

| 民间故事中的鸡 |

在中国人的观念中，公鸡司晨报晓，是送走黑暗、迎接光明的"光明之禽"。在没有钟表的年代，公鸡打鸣儿是人们判断时间的依据。先秦时期，各国的边界关隘闻鸡叫而开门，《史记》中就记载了秦昭王礼聘齐国贵族孟尝君为相，后听信谗言欲杀之，孟尝君闻信仓皇逃走。待逃到函谷关时还是半夜，关门紧闭。孟尝君担心天亮后秦王会派兵追来，十分着急，幸好手下的门客学了几声鸡叫，引得附近村落的公鸡纷纷叫了起来，关吏打开城门，孟尝君趁此机会成功脱困。

在山西忻州，流传着一则关于芦花鸡的故事。管涔山一带的人爱喂养芦花鸡，这种鸡的羽毛黑白相间，下的蛋个头儿大、味道香，别的鸡都比不上。很早以前，有一个芦家庄，庄子里住着两户人家，东院住着一个双目失明的老大娘，她待人十分和气，乡亲们称她为"实大娘"；西院住着一个刚过门儿的媳妇，她爱占便宜，经常打扮得花枝招展，因为她丈夫姓花，所以人们都管她叫"花媳妇"。实大娘因为行动不便，一天到晚都待在家里；花媳妇闲着没事，经常到实大娘家串门。一

天，花媳妇拿着一个绢罗向实大娘借小米。实大娘说："小米就放在坛子里，你只管去拿吧！"花媳妇装了满满一绢罗的小米，端到实大娘面前，让她检查一下。实大娘说："你这孩子太多心，我还不相信你吗？"当花媳妇还米时，她欺负实大娘眼睛看不见，就把绢罗翻过来，用绢罗底盛上小米，然后装模作样地端到实大娘面前，硬拉着实大娘的手去摸绢罗，实大娘摸完后连声夸奖道："乖丫头，借米时绢罗是平的，还时米都快堆起来了，不怕你丈夫知道了骂你？"花媳妇故作撒娇状，说："实大娘，看您老说的！"

不知怎么回事，花媳妇做了这件事后，终日心神不宁，不久就得病死了。实大娘得知后痛哭了一场。这时庄子里来了一个卖小鸡的，实大娘为了解闷，就买了四只小白鸡。谁知，第二天院子里竟然多了一只芦花鸡，实大娘以为多出来的那只芦花鸡是邻居家的，便四处询问，但问来问去，谁家也没有丢鸡，实大娘只好将这只芦花鸡先养起来。说来也怪，这只鸡长得非常快，三四个月大的时候就开始下蛋，别的鸡都是三天下两个蛋，而它却两天下三个蛋，而且一年四季都不断。每下一个蛋，它都要"咕咕蛋"地叫个不停。这只芦花鸡只吃青菜、糠麸和剩饭，就是不吃小米。只要一见到实大娘撒小米喂它，就摇头摆尾地走开了。日复一日，年复一年，它不停地下蛋，究竟下了多少个蛋，连实大娘也记不清了。

有一天，实大娘正在吃打卤面，芦花鸡下完蛋，叫了一声"咕咕蛋"，实大娘就顺手夹了一筷子面条扔在地上，芦花鸡有气无力地啄食了几下，忽然唱起歌来：

咕咕蛋，蛋咕咕，

我是邻居花媳妇，

那年做下亏心事，

骗你小米用蛋补。

一粒米还一个蛋，

咕蛋咕蛋还不够，

不够把蛋孵成鸡，

世世代代偿还您。

唱完就两条腿一伸，咽气了。实大娘这才知道这只芦花鸡是花媳妇变的，想起以前她们之间相处的情景，不禁落下泪来。

后来，实大娘用花媳妇下的蛋孵出了许多小鸡，她把小鸡和鸡蛋送给了亲友，亲友又送亲友，天长日久，管涔山一带家家户户都养起了芦花鸡。

这则故事诠释了做人要诚实的处世准则。

在很多地方，都流传着公鸡原本有角，但后来被龙骗走的故事。据说很久以前，公鸡长有一对好看的角，龙为了当兽王，就听了蜈蚣的话，来向公鸡借角。公鸡死活不答应。龙急了，就对天发誓道："如果我不还你的角，只要一回到陆地，我就死掉。"蜈蚣也在公鸡面前担保："如果龙大哥不还你的角，你就一口把我吃掉。"公鸡得到了承诺，便把角借给了龙。龙和虎到了天宫，玉帝见龙和虎十分威风，便

下令从此以后虎为百兽之王，龙为水族之王。龙和虎皆大欢喜。龙回来后，心想：如果把角还给公鸡，水族们见我没有角，怎么能服我管呢？可又想到自己当初所立的誓言，龙索性就一头扎进水中，再也不回陆地上了。公鸡见龙不还角，气得满脸通红，就迁怒于蜈蚣，蜈蚣吓得从此只要一见到公鸡就钻进石缝中不敢出来。

在很多地方，都有鸡吃蝎子的故事。传说古时候，河南汲县城西的太行山麓，有一个李家庄，庄里有一个名叫李生的农民，他为人忠厚老实、勤劳善良，只因家境贫寒，年近四旬还是独身一人。一个炎热的中午，李生吃过饭到窑洞里休息。他刚躺到席子上，忽然，从墙壁缝里爬出来一只蝎子，凶猛地朝他袭来。李生用鞋子按住了蝎子，但是因为不忍心要它性命，最后截去了肚子将蝎子放走了。他一觉醒来，发现面前站着一位妙龄女子，正含情脉脉地看着自己。李生想起母亲在世时叮嘱他"女子面前少搭讪，出门不要惹事端"，于是他卷起席子就走。姑娘上前拦住他，声泪俱下地说道："大哥，救救我吧！我是山西人，家乡遭瘟疫，父母双亡，有一个六十多岁的商人逼我为妾，我才只身逃出，又投亲不遇。我的命好苦啊！"李生也是一个苦命人，他三岁丧父，八岁丧母，上无兄，下无弟，闻言后感同身受地说道："好吧，你先住我家，

我们以兄妹相称，待日后再慢慢打听你那亲戚的下落。"姑娘这才破涕为笑，施礼道："多谢大哥。"

姑娘名叫翠云，缝补浆洗，穿梭织布，样样在行。从此，翠云操持家务，李生耕耘田园，兄妹互敬互助，和睦相处，李家的日子渐渐变得富裕起来。

一天，李生与卖面的姜子牙一同前往朝歌赶集。姜子牙端详了一下李生的脸，说："我看你神色不正，家中必然有邪。"李生问："先生，何以见得？""您这布非人所织。"李生听了姜子牙的话后感到十分恼火，说道："您老这么大岁数了，怎么能出口伤人？这布是我妹妹亲手所织。"姜子牙问道："她是你亲妹妹吗？"

李生把在窑洞里遇到翠云的经过讲述了一遍。姜子牙笑了笑，说："这就对了。你若不信，必遭伤身之祸，后悔莫及。"李生吓得浑身发麻，低头便拜："请恩公搭救。"姜子牙扶起李生说："这好办。你每天折一根桑树枝置于床下，到九十九天时取出点燃，再备一只公鸡，点燃桑树枝后将它放出来，到时你自然明白。"

从那以后，李生仍照常去朝歌卖布，每次回来时他都捎回一根桑树枝，翠云问他这是干什么，李生推说是当柴火用。

光阴荏苒，不知不觉已到了九十九天，李生躺在床上说自己身体不舒服，不去卖布了。趁着翠云在里间屋里梳妆，李生悄悄地从床下

取出桑树枝和火镰（取火工具），将桑树枝点燃后，喊道："妹妹快来烤火。"翠云一出里间屋门，就闻到一股桑木味，只觉得头晕恶心，她觉察到自己的诡计已经败露，露出了狰狞的面目，不顾一切地朝李生扑来。李生赶紧放出公鸡。翠云见到公鸡，尖叫一声，变成了一只大蝎子，李生吓得浑身发抖，公鸡则勇猛地朝那只蝎子啄去。原来翠云是一只蝎子精，斗了两三个回合后，她的头就被公鸡啄伤了，不能动了。

李生如梦初醒，赶到翠云铺的草窝中，翻出了胳膊粗的蝎子肚，原来那只蝎子精准备把蝎子肚养大后蜇死李生，以报当初掐肚之仇。桑木避邪、鸡吃蝎子是姜子牙所封。从此以后，这个故事就在民间流传开来。

在山东莒南，则流传着一个截然不同的故事。莒南县城东北有一座山叫鸡山，鸡山下住着一个青年叫刘华家。刘华家父母早亡，他没有学会挣钱的营生，只能每天去鸡山上打柴卖钱度日。这天，刘华家正在半山腰上砍柴，突然听到了公鸡凄惨的叫声，他顺着叫声走了过去，发现在一个悬崖的大石缝里，一只公鸡的背上趴着一只大蝎子，那只蝎子咬着鸡脖子，尾巴高高地翘着，正要将那长长的尾部毒针插入鸡身上。刘华家抬起手，用砍柴刀朝鸡背上的蝎子拍去，一下子把蝎子拍到了地上，当他再要去拍打蝎子时，那只蝎子已经爬进了深深的

石缝里。公鸡得救了，它伸了伸脖子，拍了拍双翅，走到刘华家面前不动了。刘华家抱起公鸡，又看了看鸡的脖子，发现鸡被蝎子蜇得不重。刘华家拍了拍鸡背，说："没事的，去吧！"就把公鸡放到地上，公鸡伸长脖子大叫一声后，就飞回鸡山上去了。

过了一些日子，刘华家砍了一担柴正要下山去卖，见路旁的一块大石头上坐着一个漂亮的姑娘，两条长辫子垂在胸前，双手托着腮在哭泣。刘华家从小吃尽了苦头，很同情受苦的人，见不得人落泪。他放下担子，来到姑娘身旁，问道："姑娘，你怎么了？遇到什么伤心事了，怎么在这高山上哭泣？"姑娘抬起头看了看刘华家，

虽然他身上穿得破烂，人长得却很帅气，就停止了哭泣，说道："大哥，我家就在这鸡山附近，父母贪图钱财，让我嫁给一个老财主当二房，给他生孩子。我怎么能嫁给一个老头儿呢！又听说那家的大奶奶是个'母老虎'，我越想越害怕，就跑了出来。来到这大山上，就算被野兽吃了，也比嫁给那老头儿强。"刘华家说："我送你回家吧，顺便劝劝你的父母不要将你嫁给老头儿。"姑娘说什么也不同意回家。刘华家就说："要不先上我家住一夜，明天再说。"姑娘同意了。

第二天早上，刘华家要送姑娘回家，姑娘坚决不同意，说："大哥，我看你是个好人，又没成家，就让我

留下来和你一起过日子吧。"于是姑娘就成了刘华家的媳妇。

这天，刘华家正在砍柴，一位身穿红袍的老头儿来到刘华家面前，看了看刘华家，叫道："刘华家。"刘华家心里一惊，心想：我不认识这个人，他怎么知道我的名字？正在疑惑间，只听老头儿说："小伙子，你最近捡了一个媳妇，是不是？"刘华家笑而不语，算是承认了。老头儿又说："几个月前，你为了救一只公鸡，打伤了一只蝎子，对吧？那是蝎子精，它要找你报仇，就变成了一个大姑娘，住在你家。等它身上的伤好了，就会现出原形，把你咬死。我算好了，今天晚上，它会要你的性命。"刘华家一听，吓坏了，

说："这可怎么办？"老头儿说："我早给你准备好了。"说完，就递给他一个大口袋，口袋里装满了东西。老头儿说："你只要照我说的去做。以后，她就再也不敢伤害你了，而且会死心塌地地跟你好好过日子。"

刘华家回家后，就把大口袋藏在柴草垛里。吃完晚饭，刘华家和媳妇一起躺在床上。刘华家看着漂亮的媳妇，心想：她真是蝎子变的吗？太不可思议了。转念一想：不管是真是假，照老头儿说的去做就是了，就算她不是蝎子精，也没有坏处。

半夜时分，刘华家轻轻地下了床，见媳妇睡得正香，就轻手轻脚地走出卧室，拿来那个大口袋，将口袋里的东西倒了出来，原来里面

装的是一个面人儿。他把面人儿放到自己的被窝里，用被子盖好。做完这一切后，刘华家就走到屋外的窗户下面，察看屋里的动静。大约半个时辰后，刘华家的媳妇果然变成了一只大蝎子。那只蝎子掀开面人儿盖的被子，抱着面人儿，举起尾部的长针狠狠地朝面人儿的身上刺去。过了一个时辰后，大蝎子不动了，看样子，它也累了。刘华家便举着砍柴刀跑进卧室，将蝎子的尾巴砍了下来。只听"哎哟"一声，蝎子又变成了刘华家的媳妇。她的屁股上滴着鲜血，痛苦地对刘华家说："我的底细你都知道了，我以后再也不会伤害你了。"从此以后，他们过上了幸福的生活。

明朝人陆粲在其所著《庚巳编》中记载了一个关于鸡的故事。苏州人陈元善，擅长请仙召将之术。有一次，他去嘉定，住在一户姓谈的人家中。谈家有一只养了十八年的鸡。一天，陈元善正与主人说话，鸡从庭中飞到他俩面前，舒翅伸颈，死在了地上。当晚，有一位女子敲响了陈元善的房门，自称是屋主人的女儿，因为仰慕陈元善所以特来相会。陈元善见女子颇有几分姿色，便问她的年龄，女子说自己十八岁，属鸡。陈元善于是将她留在了自己房中。从此晨往暮来，陈元善虽然有时候对该女子的身份有所怀疑，但到底还是割舍不下。每次女子一来，陈元善都如醉如梦，待女子走后则又恢复了正常。后来他将此事告诉了主人，主人大吃一惊，说："我家里并没有这个女子，邻居家也没有。那这女子必定是鬼怪了。其次，她说自己十八岁，属鸡，只有我家之前养的那只鸡能对得上，会不会是它呢？"陈元善用了百般法术来驱除，仍不见效，只好请方士来结坛作法。见事情到了如此地步，女子只好向陈元善恳求道："几天后我将前往无锡托生①，看在相识一场的分儿上，请你把我送到野外去。"元善按照她的要求，用符水、祭物将她送到城外数里的荒僻处，鸡精从此绝迹。

---

①托生：迷信的人指人或高等动物（多指家畜家禽）死后，灵魂转生世间。

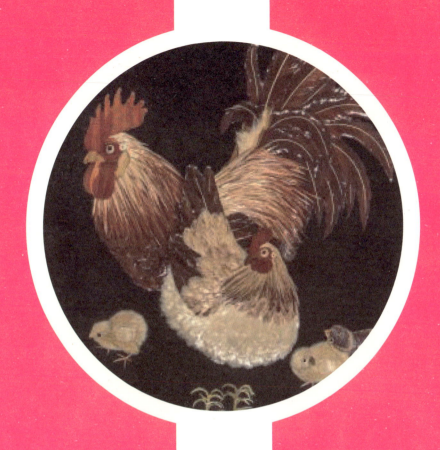

生肖鸡与民俗

| 生肖鸡与民俗 |

"大圣鸣金辞旧岁，雄鸡唱晓庆新春。"在民间文化中，鸡有着说不完的话题，是民俗生活中的重要角色。

在距今约 5000 年前的大汶口文化遗址中，考古工作者发现了刻有鸡形象的陶器，这表明"鸡文化"早已经出现。

鸡及其图像因为具有驱邪避祸的象征意义，所以在生活中得到了广泛应用。在民间流传着鬼最怕听到鸡叫、看见亮光的传说。在一些地方，大人们经常告诉孩子：晚上走夜路时，最好带上火柴，如果遇见鬼的话，就划火柴或学鸡叫，这样可以把鬼吓跑。在漫漫长夜里，只要听到鸡叫，人们心里就会觉得踏实了许多，因为邪祟被吓跑了，人们安全了。

此外，早在汉代应劭的《风俗通义》中就有记载：除夕时要将一只公鸡挂在门上，即所谓的"以雄鸡着门上，以和阴阳"。这种习俗后来演变为用鸡的图像来替代。东晋王嘉的《拾遗记》中就提到当时的人们"每岁元日，或刻木铸金，或图画为鸡于牖上"，唐代也有"元日贴画鸡于朱户"的记载。直至今日，许多地方的人们还会张贴带有鸡图案的剪纸或年画。

在神话传说中，门神的起源也与鸡有关。传说东南方有一座神山，叫桃都山，山上长着一棵大树，叫桃都。桃都有多大呢？光是树枝和树枝之间就有三千里的距离。树上有一只天鸡，每天太阳一出来，天鸡就开始叫，天下的鸡随后也跟着叫了起来。天鸡脚下有两个神仙，左边的叫隆，右边的叫窣，他们手中都拿着用苇子做的绳索，一旦发现有不祥之鬼，就捉住杀掉。后来人们在大年初一时做两个桃木人竖在门旁，把公鸡毛插进绳中，就是来源于这个神话的遗俗。

此外，鸡还是过年期间的重要祭品。祭神祀祖是重要的年节习俗，人们用丰富的祭品表达对神灵、祖先的感恩之情，并希望在新的一年里继续得到神灵、祖先的护佑，鸡则是不可或缺的祭品。有些地方，人们上供的祭品中，无论是五牲还是四牲①都包括鸡，而且往往都使用全鸡。

鸡不仅用于祭品，也是重要的食物。无论是待客还是自己享用，都少不了鸡。尤其是大年三十的团圆饭，更讲究要有全鸡。在我国的北方地区，曾有二月初一吃太阳鸡糕的传统，而在河南淮阳一带认为吃鸡蛋能使人丁兴旺，所以至今还流传着

"三月三吃鸡蛋"的习俗。

在山东南部，立春前夕，

---

① "五牲"在民间的说法不一，流传较广的说法是指牛、羊、猪、犬、鸡，"四牲"通常指牛、马、羊、鸡。

妇女们会用彩色的碎布缝制一种叫"迎春公鸡"的小饰品，并在立春那天佩戴在孩子们的身上，寓意"驱邪纳吉（鸡）"。到了端午节时，则要缝制一种叫"鸡心香袋"的小饰品，内装香料，样子看上去像鸡心（谐音是"记性"），祝愿孩子们长大后读书能有好记性。

农历十月初一，在河南的一些地方有"杀鸡吓鬼"的习俗。传说阎王爷会在十月初一至次年清明节期间将鬼放到人间。人们认为鸡血能辟邪，所以于十月初一那天杀鸡吓鬼，让小鬼不敢出来。俗语称："十月一日杀小鸡儿。"

山东一些地区有"抱鸡"的婚俗。临近娶亲时，男方要准备一只大红公鸡，女方准备一只母鸡，母鸡表示新娘为"吉人"。出嫁时，准备的母鸡一定要由女方未成年的男性亲属抱着，跟随迎亲队伍出发，并要在公鸡未鸣之前赶到男方家。然后，男方将公鸡交给抱鸡人，抱鸡人会将公鸡和母鸡一同拴在桌腿上，并不时地打公鸡，直到公鸡有气无力时才罢手，这象征着妻子制服了丈夫。

之后，这两只鸡不得杀掉，故也称它们为"长命鸡"。而在浙江一带则流行"宰鸡"的婚姻风俗。新郎去迎娶新娘时，新娘家在地上铺一块白布，让新郎在上面宰鸡，鸡血不能滴在白布上，否则滴上几滴鸡血就要罚几杯酒。杀鸡时，新娘家会有人故意撞新郎，新郎则要尽量躲避，不让新娘家的人得逞。

20世纪50年代之前，不少地方有用公鸡代替新郎成亲的风俗。因为定好的结婚日期一般不能变，如果新郎有事不在家的话，新娘则要抱着一只顶替新郎的大公鸡成亲。

云南大理地区的白族流行"鸡米礼"的礼仪风俗。鸡米礼是嫡亲或姻亲之间在出生、结婚、盖房时互送的

礼品。鸡米礼分鸡米单礼和鸡米双礼两种。单礼为一只大公鸡和一坛米酒；双礼为两只大公鸡、一坛米酒和一坛谷种。

过去，一些民族流行着喝鸡血酒的风俗。在结拜时，为了表示亲如手足、有福同享、有难同当的关系，人们会宰一只公鸡，在每碗酒里滴几滴鸡血，对天发誓，然后将血酒一饮而尽。

鸡作为吉祥物被广泛应用于民俗艺术中，如鸡头鞋、鸡香袋、鸡围嘴儿、鸡肚兜儿、鸡寿枕、鸡围裙、鸡坎肩、鸡荷包等。我国民间有给小孩穿"鸡头鞋"的习俗，民谣说"过岁不穿鞋，长大不成才"。在孩子过周岁生日时，外婆要送"鸡头鞋"给外孙或外孙女，寓意孩子一生吉祥。而表现吉庆的剪纸、陶塑、麦秆画等，在全国各地区都很流行。

在河南灵宝一带，每年的端午节前夕，妇女们都会剪一对昂首挺胸的大公鸡贴在自家门上。图案大多为公鸡的嘴里叼着蝎子，或是肚子里装着蜈蚣等。并用黄表纸写上："五月里五端阳，吃粽糕啊饮雄黄，金鸡贴在房门上，害人毒虫全死光。"以此保佑家人平安。

剪纸、陶塑作品我们经常可以看到，而麦秆画在有些地方就不是很常见了。河南民间艺术家聂亚平，自幼身患残疾、行动不便，但她凭着一股子闯劲，刻苦学习麦秆画的技法，闯出了自己的一片天地。她为本书创作的麦秆画作品《鸡》，突破了麦秆本身颜色单一的局限

性，融入其他色彩的植物秸秆，通过熨烫使秸秆形成深浅不同的层次和色变，不使用染料上色，保持了麦秆画古色古香的特点。

陕西凤翔一带以木刻印制的禁蝎咒符，上面印有"谷雨三月中，蝎子逞威风。神鸡叼一嘴，毒虫化为水……"的字样，画面中央的公鸡嘴里叼着一只大蝎子。公鸡治蝎的说法在民间广为流传，俗话说"蝎子怕公鸡，秧苗怕蝼蛄"。在一些文学作品里，公鸡也是蝎子的天敌。例如，在《西游记》里，唐僧取经途中遇到蝎子精，孙悟空、猪八戒都不是其对手，观音也自知近它不得，只好让孙悟空去请昴日星官。昴日星官的本相其实就是一只六七尺高的双冠大公鸡，他

对着蝎子精叫了一声，蝎子精立刻现了原形；昴日星官对着蝎子精叫了第二声，蝎子精就浑身酥软，死在了坡前。

我国幅员辽阔，民俗风情千差万别。贵州的苗族地区有大年三十杀年鸡的习俗，而在浙江舟山一带，大年三十却不能杀鸡。相传明末清初的时候，清兵到了这里，逢

人便杀，一直要杀到听到鸡叫才停。清兵杀了舟山的10000多人，当杀到刘家岙时，忽然听到了公鸡的叫声，这才停止杀人。由于这一声鸡叫，舟山的最后六户人家（刘、赵、郭、朱、陈、王）总算保住了性命。这就是为何时至今日舟山这六个姓氏的人家比较多的缘故。为了感谢并铭记这只雄鸡，他们从此过年时就不吃鸡了。

成语、歇后语与诗词中的鸡

｜成语、歇后语与诗词中的鸡｜

有关鸡的成语很多，如呆若木鸡、鹤立鸡群、闻鸡起舞、牝鸡司晨、杀鸡取卵、金鸡独立、鸡犬相闻、鸡零狗碎、鸡飞蛋打、小肚鸡肠、鸡犬升天、鸡毛蒜皮……古人的文学作品中也有大量对鸡的描写，比如陶渊明的《桃花源记》中的"阡陌交通，鸡犬相闻"，曹操的《蒿里行》中的"白骨露于野，千里无鸡鸣"，通过是否有鸡叫来判

断有无人烟，这充分说明了鸡与人的亲密关系。

成语

呆若木鸡：呆得像木鸡一样，形容因恐惧或惊讶而发愣的样子。出自《庄子·达生》。周宣王特别爱看斗鸡，他请齐国驯鸡高手训练出了一只常胜不败的鸡。这只鸡站在那里，不骄不躁，一动不动，看上去就像木鸡一样，别的鸡见到它这副样子，不敢与它相斗，全都吓跑了。

鹤立鸡群：像鹤站在鸡群里一样，又作"独鹤鸡群"。比喻一个人的才能或仪表在一群人里显得很突出。出自东晋戴逵的《竹林七贤论》。文中描述嵇绍"昂昂然若野鹤之在鸡群"。

家鸡野雉：比喻风格迥异的书法绘画等。出自南朝宋何法盛的《晋中兴书》。东晋武将庾翼把自己的书法喻为家鸡，把王羲之的书法喻为野鸡，以示贱近与贵远。

鸡骨支床：比喻在父母丧中能尽孝道，也形容十分消瘦。出自南朝宋刘义庆的《世说新语·德行》。原意是亲人去世因悲痛而过度消瘦。

鸡口牛后：也作"鸡尸牛从""宁为鸡口，无为牛后"。 比喻宁愿在小的地方当家做主，也不愿在大的地方任人支配。出自《战国策·韩策一》。

鸡鸣狗盗：多指微不足道的技能，也泛指小偷小摸的行为。出自《史记·孟尝君列传》。

鸡犬升天：又作"一人得道，鸡犬升天""鸡犬皆仙"。 比喻一个人做了高官，和他有关系的人也都跟着得势。出自《论衡·道虚》。西汉淮南王刘安修炼成仙，举家升天。他临走时，将剩余的仙药放在院子里，家里的鸡和狗吃了，也都升了天。

鸡犬相闻：鸡鸣狗吠的声音都能听到，比喻彼此住得很近，也指人烟稠密。出自《老子》，原文指道家小国寡民的理想："邻国相望，鸡犬之声相闻，民至老死不相往来。"

牛鼎烹鸡：用煮牛的大锅来煮一只鸡，比喻大材小用。出自《后汉书·边让传》。

牝鸡司晨：意思是说母鸡像公鸡那样鸣啼，比喻妇女窃权乱政。出自《尚书·牧誓》。

杀鸡焉用牛刀：杀只鸡

何必用宰牛的刀，比喻办小事情用不着花大气力，也比喻小题大做。出自《论语·阳货》，原文是"割鸡焉用牛刀"。孔子的学生子游在鲁国武城县做官，有一次，孔子来到武城，听见弹琴唱歌的声音，微笑了一下，说："割鸡焉用牛刀。"意思是治理武城这样小的地方，根本用不着礼乐，就像杀鸡不必用宰牛的大刀一样。子游闻言答道："从前我听老师讲过，君子学了礼乐就能爱人，小人学了礼乐就易于驱使。"孔子连忙说："子游

这话讲得对，我刚才不过是开个玩笑罢了。"

山鸡舞镜：山鸡对着镜子起舞，比喻自我欣赏。出自南朝宋刘敬叔的《异苑》。

陶犬瓦鸡：陶土做的狗不能守夜，泥土塑的鸡不能司晨，比喻徒具形式而无实用的东西。出自南朝梁萧绎的《金缕子》。

味如鸡肋：比喻某些事情不做可惜，做起来也没有多少好处。出自《三国志·魏书·武帝纪》裴松之注引《九州春秋》。刘备进攻汉中，曹操大将夏侯渊被杀，汉中失守。曹操率大军前往汉中，但大军开到汉中城外时，发现那里所有的有利地形都已被刘备的部将黄忠抢占，一时难以取胜。双方僵持了几个月，曹军始终没有任何进展。一天晚上，曹操吃饭时，发现桌上有一碗鸡肋骨做的汤。恰好在这时，部下夏侯惇来请示当夜的口令，曹操随口说了"鸡肋"二字。夏侯惇听了后感到有些奇怪，但也不敢再询问，照原话传达下去。主簿杨修听到"鸡肋"的口令后，马上收拾行装。大家见他这样，都问他怎么知道快要撤军了。杨修说："鸡肋这东西，丢弃了可惜，但吃起来又没有什么肉。用它来比喻汉中，不正合适吗？所以我知道魏王打算撤军了。"第二天，曹操果然下令回师。

闻鸡起舞：凌晨听到鸡叫声便起床舞剑，比喻有志之士奋发自励。出自《晋书·祖逖传》。西晋时期的祖逖胸怀大志，和好友刘琨一起担任过司州主簿。两人感情非常好，经常同床共眠。一天半夜里，祖逖在睡梦中忽然听到公鸡的鸣叫声，他叫醒了刘琨，问道："你听见鸡叫了吗？"刘琨说："半夜听见鸡叫不吉利。"祖逖说："我不这么认为，咱们干脆以后听见鸡叫就起床练剑如何？"刘琨欣然同意。于是两人立即起床，舞起剑来。冬去春来，寒来暑往，他们从不间断。功夫不负有心人，经过长期的刻苦学习和训练，他们终于成为能文能武的全才。

雄鸡断尾：本指公鸡因怕祭祀时的牺牲而自残其身，后来比喻人怕被杀而自尽。出自《左传·昭公二十二年》。

月攘一鸡：比喻那些明知道自己错了，却故意拖延时间，不肯及时改正的人。出自《孟子·滕文公下》。有一个人每天到邻居家偷一只鸡，有人劝他说："这不是正派人的作为！"他便说："我也知道这不好。这样吧，请允许我少偷一点儿，原来每天偷一只，以后改为每月偷一只，到了明年，我就彻底洗手不干了。"可是如果知道偷鸡不对，就应该马上改正，为什么还要等到明年呢？

歇后语

报晓的公鸡——叫得早

电线杆上插鸡毛——好大的胆（掸）子

房梁上挂鸡蛋——悬蛋

房檐上逮鸡——不好提弄

风吹鸡毛——忽上忽下

凤凰跌到鸡窝里——落

魄了

凤凰下鸡——一代不如一代

肥鸡炖汤——油水多

大公鸡打架——全仗着嘴

公鸡下蛋——没指望

公鸡头上一块肉——大小是个官（冠）

鸡蛋里面挑骨头——无中生有

鸡蛋碰石头——自不量力

鸡骨头卡在嗓子里——张口结舌

鸡骨头熬汤——没多大油水

黄鼠狼给鸡拜年——没安好心

鸡毛炒韭菜——乱糟糟

鸡毛打鼓——不声不响

尾巴上绑芦花——冒充大公鸡

铁公鸡请客——一毛不拔

小鸡吃黄豆——够呛

张飞扔鸡毛——有劲难使

诗词

作为人类最亲密的伙伴，鸡在数千年前就被人们写进了诗词中。《诗经·国风》中就有不少描写鸡的诗句。

国风·邶风·雄雉

雄雉于飞，泄泄其羽。

我之怀矣，自诒伊阻。

雄雉于飞，下上其音。

展矣君子，实劳我心。

瞻彼日月，悠悠我思。

道之云远，曷云能来？

百尔君子，不知德行？

不忮不求，何用不臧？

这首诗的大意是：雄雉在空中飞翔，舒展着五彩翅膀。我在此思念夫君，给自己带来忧伤。雄雉在空中飞翔，鸣唱的声音十分嘹亮。我那诚实的夫君，实在是让我心劳神伤。看日月交替，思念是那样悠长。道路相隔真遥远，何时才能回到家乡？那些在位的君子们，不知我夫品德高尚？也不贪名，不贪利，为何却让他遭祸殃？

国风·齐风·鸡鸣

鸡既鸣矣，朝既盈矣。
匪鸡则鸣，苍蝇之声。
东方明矣，朝既昌矣。
匪东方则明，月出之光。
虫飞薨薨，甘与子同梦。
会且归矣，无庶予子憎。

关于这首诗的主旨，有不同的说法，但一般认为是描写鸡叫时分，妻子催促丈夫早起上朝，丈夫贪恋床笫，用话搪塞，表现了一段夫妻之间的生活情趣。大意是：女："公鸡已经喔喔叫了，上朝官员已经到了。"男："这并不是公鸡叫，而是苍蝇在嗡嗡闹。"女："东方已经蒙蒙亮了，官员已经满朝堂了。"男："这并不是东方亮，而是明月的光芒。虫子飞来嗡嗡响，我只想和你多躺一会儿。"女："可是朝会要散了，你我不是让人恨？"

国风·郑风·风雨

风雨凄凄，鸡鸣喈喈。
既见君子，云胡不夷。
风雨潇潇，鸡鸣胶胶。
既见君子，云胡不瘳。

风雨如晦，鸡鸣不已。

既见君子，云胡不喜。

这首诗的大意是：风雨交加冷凄凄，鸡儿寻伴鸣叽叽。终于看见君子归，烦乱心绪怎么没有停息？狂风骤雨声潇潇，鸡儿寻伴声胶胶。终于看见君子归，相思之病怎不消？风雨连连天灰蒙，鸡儿报晓鸣不停。终于看见君子归，心里怎能不高兴？

王风·君子于役

君子于役，不知其期，曷至哉？

鸡栖于埘，日之夕矣，羊牛下来。

君子于役，如之何勿思！

君子于役，不日不月，曷其有佸？

鸡栖于桀，日之夕矣，

羊牛下括。

君子于役，苟无饥渴！

这首诗的大意是：丈夫在外面服役，不知道他要去多久。鸡已经进窝，天色不早了，放养的牛羊已经归来。想起在远乡服役的丈夫，我怎么能不想念他呢？丈夫在远方服役，时间真是漫长，鸡栖息的小木桩都已经弄好了，眺望不断西沉的夕阳，牛羊都已离开山坡回家了，丈夫却还在远方服役，希望他平安顺遂。

这首诗描写了一位妻子思念在外服役的丈夫的心情，用"鸡栖于埘""羊牛下来"等农村常见的傍晚景象起兴，给读者展现了一幅恬淡、优美的田园生活画卷，进一步衬托了主人公的思念

之情。

东汉末年的文学家、名列"建安七子"的刘桢就写有《斗鸡诗》，描述了两鸡相斗的情景，以极其精练的语言，把鸡的勇武刻画得淋漓尽致：

丹鸡被华彩，
双距①如锋芒。

愿一扬炎威，
会战此中唐。

利爪探玉除，
瞋目含火光。

长翘惊风起，
劲翮正敷张。

轻举奋勾喙，
电击复还翔。

这首诗开头两句的意思

是斗鸡身披华丽鲜艳的彩色羽毛，双距有如刀剑一样锐利。三、四两句借用斗鸡的口吻，说它愿一展雄威，会战于沙场。五、六两句展现了斗鸡战前冷峻而自信的反应。它用利爪探视石阶，两眼如火。最后四句用短短的20个字把激烈的战斗场景描述完毕。长翘、劲翮、轻举、电击——一只勇猛的斗鸡形象跃然纸上。

缚鸡行

（唐）杜甫

小奴缚鸡向市卖，
鸡被缚急相喧争。
家中厌鸡食虫蚁，
不知鸡卖还遭烹。
虫鸡于人何厚薄，
我斥奴人解其缚。

---

①距：指雄鸡、雄鸡鸟类的腿后面突出，像脚趾的部分。

鸡虫得失无了时，
注目寒江倚山阁。

这首诗的大意是：家中的仆人把鸡捆上准备拿去市场上叫卖，鸡们由于被捆得太紧而喧叫、挣扎不停。家仆不想让鸡吃虫蚁，可未想到一旦鸡被人买走就难逃被人烹食的命运。昆虫、鸡与人有什么尊卑可言，于是我便叫家仆给鸡松绑，救了鸡一命。人世间像鸡虫相争一样的事情何其多啊，我倚在楼阁上，看着寒江，感慨万千。

羌村三首（其三）

（唐）杜甫

群鸡正乱叫，

客至鸡斗争。

驱鸡上树木，

始闻叩柴荆。

父老四五人，

问我久远行。

手中各有携，

倾榼浊复清。

莫辞酒味薄，

黍地无人耕。

兵戈既未息，

儿童尽东征。

请为父老歌，

艰难愧深情！

歌罢仰天叹，

四座泪纵横。

这首诗的大意是：成群

的鸡正在乱叫，客人来时，鸡又争又斗。把鸡赶上了树上，这才听到有人在敲柴门。四五位村中的年长者，来欢迎我由远地归来。他们手里都带着礼物，从篮子里往外倒酒，酒有的清，有的浊。他们一再解释说："酒味之所以淡薄，是由于田地没人去耕耘。战争尚未停息，年轻人全部东征去了。"在如此艰难的日子里，感谢父老携酒慰问的深情。吟唱完毕，我不禁仰天长叹，在座的客人也都热泪纵横不绝，悲伤之至。

鸡

（唐）崔道融

买得晨鸡共鸡语，

常时不用等闲鸣。

深山月黑风雨夜，

欲近晓天啼一声。　　　　可以了。"

这首诗的大意是：诗人
买了一只鸡，他对鸡说："你
平时不用打鸣，只要求你待
在荒野深山的月黑风寒之夜，
在黎明到来之前，叫一声就

赋得鸡

（唐）李商隐

稻粱犹足活诸雏，

妒敌专场好自娱。

可要五更惊晓梦，

不辞风雪为阳乌。

这首诗的大意是：稻粱已足够养活你那些小鸡，你还在斗鸡场妒敌且自鸣得意。你应当五更司晨唱晓叫人早起，不辞风雪为召唤朝阳而喔啼。

鸡鸣曲

（唐）汪遵

金距花冠傍舍栖，
清晨相叫一声齐。
开关自有冯生计，
不必天明待汝啼。

这首诗的大意是：栖在屋舍旁的公鸡们距如铁钩，冠似红花，拂晓时分引吭齐鸣，人们感激你，赞美你。

可你也不要骄傲，你知道吗？当年孟尝君出关，用的是门客冯谖的计策——装鸡叫打开的关门，所以也未必等你天明打鸣。

唐朝之后，也有大量描写鸡的诗句。宋太祖赵匡胤有一首逆挽诗《鸡叫》："鸡叫一声撅一撅，鸡叫两声撅两撅，三声唤出扶桑日，扫败残星与晓月。"这首诗前面两句淡而无味，让人看了之后感到昏昏欲睡，后两句却别出心裁，使人豁然开朗。毛泽东同志的"一唱雄鸡天下白"，既是对自然现象的概括，也隐含着对光明驱除黑暗的赞颂。

图书在版编目（ＣＩＰ）数据

生肖鸡 / 侯仰军编著；张勃本辑主编. -- 哈尔滨：黑龙江少年儿童出版社，2020.2（2021.8重印）
（记住乡愁：留给孩子们的中国民俗文化 / 刘魁立主编. 第十一辑，生肖祥瑞辑）
ISBN 978-7-5319-6468-1

Ⅰ. ①生… Ⅱ. ①侯… ②张… Ⅲ. ①十二生肖－青少年读物 Ⅳ. ①K892.21-49

中国版本图书馆CIP数据核字(2019)第293956号

记住乡愁——留给孩子们的中国民俗文化　　　　刘魁立◎主编
第十一辑 生肖祥瑞辑　　　　张　勃◎本辑主编
生肖鸡 SHENGXIAO JI　　　　侯仰军◎编著

出 版 人：商　亮
项目策划：张立新　刘伟波
项目统筹：华　汉
责任编辑：李梦书　顾吉霞
整体设计：文思天纵
责任印制：李　妍　王　刚
出版发行：黑龙江少年儿童出版社
　　　　　（黑龙江省哈尔滨市南岗区宜庆小区8号楼 150090）
网　　址：www.1sbook.com.cn
经　　销：全国新华书店
印　　装：北京一鑫印务有限责任公司
开　　本：787 mm×1092 mm　1/16
印　　张：5
字　　数：50千
书　　号：ISBN 978-7-5319-6468-1
版　　次：2020年2月第1版
印　　次：2021年8月第2次印刷
定　　价：35.00元